Claudia Hohloch

Schildi Schildkröte macht Yoga

Die besten Yoga-Karten für die Kita

Bildnachweis

Layoutelemente:
Freepik.de/visnezh

Impressum

ISBN: 978-3-96046-149-4

Schildi Schildkröte macht Yoga
Die besten Yoga-Karten für die Kita

Klett Kita GmbH
Rotebühlstr. 77
70178 Stuttgart
Internet: www.klett-kita.de

Redaktion	Myriam Bork
Redaktionelle Mitarbeit	Heide Grehl
Autorin	Claudia Hohloch
Fotografie	Nicole Schielberg
Illustration	Alexandra Junge
Gestaltung und Satz	DOPPELPUNKT, Stuttgart
Druck	Grafik Media Produktionsmanagement, Köln

Gedruckt auf chlorfrei gebleichtem Papier.

Bibliografische Information der Deutschen Nationalbibliothek. Die Deutsche Nationalbibliothek verzeichnet diese Publikation in der Deutschen Nationalbibliografie. Detaillierte bibliografische Daten sind im Internet über http://dnb.d-nb.de abrufbar.

Inhalt

Vorwort

Liebe Leserinnen und Leser,

wie wichtig Bewegung für die körperliche und geistige Entwicklung unserer Kinder ist, das wissen wir alle sehr gut. Doch leider kommt dieser wichtige Entwicklungsbaustein in vielen Familien zu kurz. Sei es aus zeitlichen Gründen oder wegen ungünstigen räumlichen Gegebenheiten – doch sind es unsere Kinder, die darunter leiden.

Denn wie es auch uns Erwachsenen gut tut, uns zu bewegen und zu dehnen, Kraft aufzubauen und zu entspannen, finden auch unsere Kinder durch regelmäßige Bewegung ihr körperliches – und seelisches – Gleichgewicht. Übungen aus dem Yoga, Asanas genannt, helfen ihnen dabei: (An-)Spannungen werden abgebaut, Kraft und Dehnung gefördert, das Selbstwertgefühl gestärkt und die Konzentration unterstützt. Durch die Entspannung wird ein gesundes und fröhliches Heranwachsen ermöglicht. Schon durch kleine, regelmäßige Einheiten im (Kindergarten-) Alltag wird Großes bewirkt.

Bei all meinen Büchern ist es mir wichtig, dass das Bedürfnis der Kinder, durch spielen zu lernen, erfüllt wird. Dabei hilft die kleine Schildkröte Schildi, die die Kinder bei den Übungen begleitet.

Schildi Schildkröte, die Entspannungsschildkröte, ist Expertin für Kinesiologie, Yoga und Achtsamkeit.

Übrigens: Schildi Schildkröte gibt es auch als Buch! Vielleicht kennen Sie die Reihe schon? Jede Ausgabe widmet sich einem Schwerpunkt wie Resilienz, Sprache oder Motorik. Die ausgewählten Übungen sind immer ganz speziell auf den jeweiligen Kompetenzbereich abgestimmt.

Ich freue mich, dass Schildi Schildkröte jetzt auch als Kartenset präsent ist, da die Karten einen leichten Einstieg ins Thema ermöglichen. Die Kinder können sich auch selbst ihre Lieblingsübungen aussuchen. Und damit die Kinder auch zu Hause eine kleine Schildkröte bei sich haben können, findet sich in diesem Begleitheft eine Bastelanleitung für eine eigene Schildi Schildröte.

Egal ob im Kindergarten, der Turnhalle, in der Schule oder zu Hause – dieses Kartenset ermöglicht es überall, die wohltuenden und förderlichen Übungen umzusetzen.

Hierbei wünsche ich viel Ihnen Spaß!

Herzlichst, Ihre
Claudia Hohloch

Steckbrief von Schildi Schildkröte

Name	Schildi Schildkröte
Rasse	Relaxis Testudines (Entspannungsschildkröte)
Alter	80 Jahre (was sehr jung ist, da Entspannungsschildkröten mindestens 799 Jahre alt werden – bei entspannter Lebensführung)
Aussehen	grüner Schildkrötenkörper, schwarze Augen, gemusterter Panzer, etwas längere Arme und Beine als eine normale Schildkröte, sodass die Entspannungsschildkröte gut Yoga machen kann
Ernährung	mag am liebsten Obst und Gemüse und frischen Salat
Hobby	alles, was mit Entspannung zu tun hat
Besonderes	hat schon viel erlebt und gibt ihre Tipps gern in gereimter Form weiter

Was ist Yoga und was kann es bewirken?

Yoga ist eine aus Indien stammende Lehre von körperlichen und geistigen Übungen. Das Ziel von Yoga ist es, Körper und Geist in Einklang zu bringen. Ursprünglich sollte Yoga durch Meditation die Erleuchtung bringen. Später kamen dann Übungen, die Asanas, dazu, die den Körper kräftigen und mobilisieren sollen, um ihn so möglichst beschwerdefrei zu halten.

Durch regelmäßige Dehnübungen können Spannungen abgebaut und so Blockaden gelöst werden. Kopf- und Nackenbeschwerden, aber auch Rückenschmerzen können vorgebeugt werden und durch den Fokus auf sich selbst wird die Konzentration gefördert.

Schon unsere Kindergartenkinder profitieren von diesem wohltuenden Entspannungsangebot: Durch gezielte Bewegungen und Übungen werden Spannungen gelöst, das innere Gleichgewicht wird gefunden und die Entwicklung wird positiv unterstützt.

Die Kinder erfahren innere Ruhe und Ausgeglichenheit, der Körper entspannt sich und der Kopf wird frei für neue Gedanken, Fantasien und Abenteuer.

Einsatzgebiete von Yoga bei Kindern

Als Morgenritual für einen energiereichen Start in den Tag, mittags, um neue Konzentration und Power zu tanken oder abends zur Entspannung und als kleine Einschlafhilfe: Yoga bietet für jedes Bedürfnis und jede Situation die richtige Übung!

Im Kindergarten-Alltag lassen sich diese Übungen wunderbar integrieren: als kleine Einheit im Morgenkreis, als Vorbereitung auf neue Aufgaben und Herausforderungen, zur Entspannung zwischendurch oder als größere Einheit zur Kräftigung und Stärkung.

Schildi Schildkröte – die Yoga-Expertin

Kinder sind von Natur aus neugierig und bewegungsfreudig. Schon von klein auf machen sie sich durch Bewegung ihre Umwelt zu eigen: Kinder lernen und bewegen sich anders als Erwachsene. Sie erfinden gerne, sind fantasievoll und kreativ. Sie lieben Bilder und Geschichten und haben gerne jemanden an ihrer Seite, der sie auf ihre Entdeckungsreisen begleitet. Ein Baumstamm wird da schnell zu einer hohen Brücke über einem reißenden Fluss und ein einfacher Stock ist ein wackeres Pony, das sich mit in jedes Abenteuer wagt.

In unserem oft hektischen Alltag kommt das aber manchmal zu kurz. Regelmäßige Bewegungsangebote schaffen den nötigen Raum dafür und lassen Bewegung zu einem schönen Ritual werden.

Yoga mit Schildi Schildkröte

Schildi Schildkröte, die Entspannungsschildkröte, ist Expertin für Entspannung durch Bewegung. Sie hat kindgerechte Übungen im Gepäck, die den Kindern helfen, Stress abzubauen, Blockaden zu lösen und ihren Körper besser wahrzunehmen. Sie werden achtsamer und selbstbewusster. Schildi begleitet die Kinder auf ihren Abenteuern, ist Ansprechpartnerin, Freundin und motiviert.

Schildi hüllt ihre Übungen immer in kurze Mitmachgedichte und -geschichten (ab Seite 10) sowie Merkreime (auf den Kartenrückseiten) und verbindet Yoga dadurch mit Fantasie und Spiel. Die Kombination aus gereimten Worten und Bewegung hilft, dass sich die Übungen bei den Kindern gut festigen können.

Schildi für alle!

Damit jedes Kind eine eigene Schildi bekommt, basteln sie sich ihre kleine Schildkröte einfach selbst. Eine Anleitung dafür finden Sie im Anhang. Eine Schildi Schildkröte für die Gruppe – ob gebastelt oder als Stofftier – sollte bei den Übungen immer dabei sein.

Tipp: Bei Traumreisen oder anderen Entspannungsübungen können sich die Kinder die Schildkröte auch auf den Bauch legen und ihren eigenen Atem beobachten. Das hilft, noch tiefer in die Entspannung zu kommen.

Die Übungen in diesem Kartenset

Jeder Mensch, jedes Kind hat andere Bedürfnisse: Was für den einen wichtig ist, hat für den anderen wenig Bedeutung. Was der eine genießt, ist für den anderen vielleicht überflüssig. Das gilt auch für Bewegung. Da ist es gut, wenn jeder selbst, ganz für sich und sein Kind oder seine Gruppe, Übungen zusammenstellen kann.

Mit den 32 Asanas in diesem Kartenset können ganz individuell angepasste kleine Übungseinheiten, spielerische Mitmachgeschichten oder auch längere, aufeinander aufbauende Yoga-Flows gestaltet werden.

Auf der Vorderseite der Karten sind die Yoga-Übungen dargestellt. Auf der Rückseite finden Sie eine detaillierte Anleitung, die Wirkung der Übung und einen Merkreim von Schildi Schildkröte, mit dem sich die Haltung noch besser festigt. Sie sehen auf einen Blick, wie die Übung umgesetzt wird und was sie bewirkt. Jede Übung hat eine Nummer, damit Sie schnell die richtigen Karten zur Hand haben.

Die anschaulichen Bilder auf der Vorderseite der Karten machen den Einstieg leicht und ermöglichen es den Kindern sogar, allein zu üben. Anregungen für tolle Kombinationen finden Sie auf den nächsten Seiten in Form von Mitmachgeschichten und -gedichten.

Folgende Übungen sind enthalten:

1. Adler
2. Baum
3. Beindehnung
4. Berg
5. Bogen
6. Boot
7. Grätsche
8. Grätsche – seitlich aufgedreht
9. Held
10. Held – Flankendehnung
11. Held – Wirbelsäulenaktivierung
12. Held – nach oben gerichtet
13. Hund
14. Katze
15. Kuh
16. Katze – Balance
17. Katze – Flankendehnung
18. Katze und Kuh – Überkreuz
19. Kuh – Beindehnung
20. Kind
21. Kobra
22. Krieger
23. Krieger – Händegruß
24. Krieger – seitlich aufgedreht
25. Löwe
26. Schildkröte
27. Schneidersitz
28. Stuhl
29. Stuhl – Händegruß
30. Stütz
31. Stütz – seitlich aufgedreht
32. Taube

Yoga im Kita-Alltag – so klappt's!

Yoga tut Kindern gut – keine Frage. Doch wie sollen die Übungen in den ohnehin schon vollgepackten Kindergartenalltag integriert werden?

Am Anfang empfiehlt es sich, die Übungen als Ritual in den täglichen oder wöchentlichen Ablauf mit einzubauen. Kinder lieben Rituale und Neuerungen werden so schnell fester Bestandteil des Alltags. Der folgende Ablauf kann zum Beispiel sinnvoll sein:

1. Begrüßung mit Schildi Schildkröte (in der ersten Einheit gerne mithilfe des Steckbriefes)
2. Sonnengruß mit Schildi Schildkröte (ab Seite 17)
3. Vorstellen der Yoga-Übungen mithilfe der Karten
4. Gemeinsames Umsetzen der Übungen, zum Beispiel mit einer schönen Mitmachgeschichte (Beispiele finden Sie ab Seite 10 in diesem Heft) und abschließendes gemeinsames Sprechen des Merkreims der Übungen
5. Aufgreifen eines Kreativ-, Lern- oder Bewegungsangebots, das zu den Übungen passt
6. Verabschieden von Schildi Schildkröte

Dieser Ablauf kann im Stuhlkreis leicht eingebaut, aber auch in einer Turnhalle aufgegriffen werden. Schildi Schildkröte (als Stofftier, Bastelexemplar oder Bild) sollte als gute Freundin bei den Bewegungseinheiten dabei sein. Mit einem kleinen Ritual kann so Großes bewirkt werden.

Tipps:

- Der Raum sollte gut gelüftet sein und eine angenehme, nicht zu warme Raumtemperatur haben.
- Idealerweise bietet er wenig bis gar keine Ablenkung (etwa durch Spielmaterialien).
- Achten Sie darauf, dass es nach dem Essen eine Pause gibt und die Kinder alle noch einmal zur Toilette gehen können.
- Die Yoga-Übungen lassen sich in Alltagskleidung ausführen, leichter fällt es aber sicherlich mit bequemer Kleidung.

Gedichte und Geschichten zum Mitmachen

Die Geschichten und Gedichte zum Mitmachen rund um Schildi Schildkröte tragen dazu bei, dass sich die Kinder die wohltuenden Haltungen und Übungsfolgen besonders gut einprägen können. Die freundliche Schildkröte macht den Einstieg in neue Themen leichter und ihre gereimten Sprüche haben sich schon vielfach bewährt. Einige Beispiele finden Sie auf den nächsten Seiten.

Selbstverständlich können immer neue Mitmachgeschichten ausgedacht und umgesetzt werden – die Karten machen dies leicht möglich, und der Kreativität sind dabei keine Grenzen gesetzt!

Besonders schön ist dabei aber immer, wenn Schildi Schildkröte auch bei den selbst ausgedachten Geschichten mit einem Reim zu Wort kommt. Durch den Reim wird Vertrautes beibehalten und die Kinder können sich die Übungen besser merken. Das ermöglicht ihnen auch, ihre Lieblingsübungen immer wieder allein oder zu Hause zu üben.

In den folgenden Geschichten und Gedichten sind alle Übungen dieser Kartenbox verbaut. Die jeweilige Übung und die Nummer der Karte werden am Anfang genannt, so können Sie die Übungen schnell heraussuchen und direkt loslegen.

Geschmeidig wie eine Katze

Kombination aus

26 Schildkröte 13 Hund 14 Katze 17 Katze – Flankendehnung 16 Katze – Balance 5 Kuh

Das bewirkt's

Diese Übungen entspannen, dehnen und kräftigen die Rückenmuskulatur und halten außerdem die Wirbelsäule geschmeidig.

Katzen bewegen sich so unglaublich gern,
Rückenschmerzen bleiben ihnen fern.
(Schildkröte)

Strecken sie den Po ganz nach oben,
werden die Schultern nach hinten geschoben.
(Hund)

Zurück im Vierfüßlerstand wie schön,
hast du schon jede Katze mal gesehen.
(Katze)

Sie dehnt sich zu allen Seiten ganz fein
(Katze – Flankendehnung)

und auch die Balanceübung muss sein.
(Katze – Balance)

Jede Katze – ob groß oder klein –
weiß: Entspannung, das muss schon sein!
(Katze und Kuh im Wechsel)

Entspannt zur Ruhe finden

Kombination aus: 13 Hund 21 Kobra 32 Taube 3 Beindehnung

Das bewirkt's: Diese Übungen helfen dabei, durch Dehnung und Entspannung zur Ruhe zu finden.

Schildi Schildkröte weiß, dass sie besser zur Ruhe finden kann, wenn sie ganz entspannt ist. Deshalb macht sie gerne kleine Yoga-Flows zur Entspannung vor dem Schlafengehen.

Für diese Übungsreihe nimmt dich Schildi Schildkröte mit an einen See.

Zuerst kommt ihr an ein Bootshäuschen *(Hund)*.

Ihr macht die Türe auf und holt ein kleines Holzboot raus auf das Wasser *(Kobra)*.

Sanfte Wellen bewegen euer Boot leicht über das Wasser *(Taube)*.

Ruhig gleitet ihr dahin *(Hund)* und genießt die Fahrt *(Taube, Seitenwechsel)*.

Ihr lasst euch noch eine kleine Weile über das Wasser treiben *(Beindehnung)* und genießt die Ruhe, die euch umgibt *(Beindehnung, Seitenwechsel)*.

Dann wird es wieder Zeit, nach Hause zu gehen. Ihr bringt das Boot *(Kobra)* zurück ins Boothäuschen *(Hund)* und freut euch schon auf die nächste Fahrt.

Hund, Kobra und die Taube – na klar –
helfen zu entspannen – wie wunderbar!

Stark und konzentriert in den Tag

Kombination aus

2 Baum 4 Berg 9 Held 10 Held – Flankendehnung 11 Held – Wirbelsäulenaktivierung 12 Held – nach oben gerichtet

Das bewirkt's

Mit diesen Übungen wird die Standfestigkeit und Konzentration geschult. Außerdem wird die Wirbelsäule mobilisiert und das Selbstwertgefühl gestärkt.

Am Morgen richte ich den Blick zur Sonne hin,
und hebe dabei leicht mein Kinn.
(Baum)

Ganz verbunden bin ich mit der Welt
(Berg)
und fühle: in mir steckt ein wahrer Held.
(Held)

Mutig wende ich mich jeder Aufgabe zu
(Held – Flankendehnung)
und löse jede Herausforderung im Nu.
(Held – Wirbelsäulenaktivierung)

Niemals verschließe ich meinen Blick vor dem was zählt,
(Held – nach oben gerichtetem)
achte auf mich und auf die Welt!
(Held)

Der Adler

Kombination aus

1 Adler 8 Grätsche – seitlich aufgedreht 7 Grätsche
18 Katze und Kuh – Überkreuz 19 Kuh – Beindehnung
5 Bogen 20 Kind

Das bewirkt's

Hier werden die Nacken- und Schultermuskeln sowie die Rückenmuskulatur gedehnt und entspannt. Durch die Überkreuzbewegung werden außerdem die rechte und die linke Gehirnhälfte miteinander verknüpft.

Der Adler hat ganz große Schwingen,
die ihn an ferne Orte bringen.
(Adler)

Von hoch oben in der Luft kann er die kleinsten Dinge sehn,
(Grätsche – seitlich aufgedreht)
und kann zur Futtersuche in den Sturzflug gehn.
(Grätsche)

Der Adlerhorst ist groß und schwer,
(Katze und Kuh – Überkreuz)
manchmal ganze drei Meter – das beeindruckt schon sehr.
(Katze – Beindehnung)

Seine Eier brütet der Adler in dem Nest aus,
(Bogen)
dort ruhen sich die Küken dann aus.
(Kind)

Schildi macht stark

Kombination aus

28 Stuhl 29 Stuhl – Händegruß 22 Krieger
24 Krieger – seitlich aufgedreht 23 Krieger – Händegruß
30 Stütz 31 Stütz – seitlich aufgedreht

Das bewirkt's

Mit diesen Übungen werden die Bein- und Rückenmuskeln gestärkt. Außerdem wird die Wirbelsäule beweglich gehalten und das Selbstwertgefühl gestärkt.

Mit meinen Beinen bin ich fest verankert
in der Erde,
sodass ich ihre Kraft spüren werde.
(Stuhl)

Ich drehe mich nach rechts und links
und dann zur Mitte hin.
Beweglichkeit im Rücken, das macht stark
und gibt der Übung Sinn.
(Stuhl – Händegruß zu beiden Seiten)

Stark wie ein Krieger steh ich da
und fühle mich der Sonne nah.
(Krieger)

Ich recke mich den Strahlen entgegen
und will mich zu ihr hinbewegen.
(Krieger – seitlich aufgedreht)

Die Sonne wird mich wärmen
und mein Herz bewegen,
ich will die Herzenswärme gerne weitergeben.
(Krieger – Händegruß)

Stark fühl ich mich in ihrem Licht
von Kopf bis Fuß,
das sieht man auch in meinem
freundlichen Gruß.
(Stütz)

Meine innere Stärke soll mein ständiger
Begleiter sein,
denn ich bin stark und besonders –
und bestimmt auch nicht klein!
(Stütz – seitlich aufgedreht)

Der Lotussitz ist unser Ziel

Kombination aus

Das bewirkt's

Mit diesen Übungen werden die Beine und der Rücken gedehnt und entspannt. Außerdem werden Spannungen abgebaut – die Kinder finden so ihre innere Ruhe.

Hört her, hört her: Was ich kann, das glaubt ihr kaum –
manche Übung sieht aus wie ein Traum!
(Löwe)

Zuerst bereite ich meinen Körper vor
und bilde mit ihm ein umgekehrtes Tor.
(Boot)

Die Beine wärme ich flott auf,
so baut sich die Übung Stück für Stück auf.
(Beindehnung)

Dann kommt zuerst der Schneidersitz,
(Schneidersitz)
dicht gefolgt vom Lotussitz.
(Lotussitz)

Durch Übung kann den jeder lernen – glaub mir das.
Den Lotussitz zu können – das macht schon Spaß!

Schildi grüßt die Sonne

Kinder lieben Rituale. Schön ist es daher, wenn die Übungseinheiten immer mit dem gleichen Anfang eingeläutet werden. Hier hat sich Schildis Sonnengruß bewährt:

Schildi grüßt die Sonne ist eine abgewandelte Form des traditionellen Sonnengrußes, den Sie vielleicht aus dem Yoga kennen. Der Sonnengruß aktiviert, mobilisiert und wärmt den Körper auf. Der Rücken und die Wirbelsäule werden gedehnt und entspannt und die Muskulatur wird gekräftigt. Außerdem gibt der Sonnengruß Schwung für den Tag.
Die Haltungen werden fließend umgesetzt und bilden mit dem beigefügten Mitmachreim ein schönes Anfangsritual.

Ablauf

Schildkröte

Im Fersensitz die Knie leicht nach außen zeigen lassen und die Hände mit den Handrücken zusammenführen. Die Hände werden dann gemeinsam zwischen die Beine geschoben und der Kopf wird abgelegt.

Händegruß

Von hier aus in den Stand gehen und die Hände zum Gruß nehmen.

Rückbeuge

Mit dem Oberkörper sanft in die Rückbeuge gehen und die Arme mit nach oben nehmen.

Vorbeuge

In die Vorbeuge übergehen – die Hände hierbei zum Boden führen.

Krieger

Die Hände auf der Matte abstellen, das rechte Bein bleibt auf Höhe der Hände in gebeugter Haltung stehen. Das linke Bein wird gestreckt nach hinten geführt.
Hierbei darauf achten, dass das Knie nicht über die Zehen hinausragt, da es sonst zu Knieproblemen kommen kann. Der Blick ist nach vorn gerichtet.

Stütz

Das rechte Bein wird ebenfalls nach hinten geführt. Die Zehen sind aufgestellt.

Fersensitz

Aus dem Stütz in den Fersensitz übergehen, um dann nach vorn zu „schnuppern“: Der Oberkörper wird mit dem Gesicht ganz nah an der Matte nach vorn geführt.

Kobra

In die Kobra übergehen …

Hund

… und anschließend in den Hund.

Nun geht es rückwärts:

Aus der Haltung des Hundes heraus wird das linke Bein in der Beuge vorgestellt zu den Händen – das rechte bleibt gestreckt (Krieger – seitenverkehrt). Dann werden die Füße nebeneinandergestellt (Vorbeuge). Von hier aus aufrichten und in die Rückbeuge gehen. Anschließend den Sonnengruß mit dem Händegruß abschließen.

Bastelanleitung für Schildi Schildkröte

Material

- Eierkarton
- Fotokarton (grün)
- grüne und blaue Wasserfarben
- schwarzer Filzstift
- schwarzer Holzstift
- Wackelaugen
- Glitzersteine für den Panzer
- Schablone für den Körper

Damit jedes Kind seine eigene Schildi Schildkröte bekommen kann, finden Sie hier eine einfache Bastelanleitung für Papp-Schildis. Aus leeren Eierkartons gestalten die Kinder ihre Schildi, die sie dann beim Training begleiten kann.

So einfach geht's:

Kopieren Sie die Vorlage auf der nächsten Seite, schneiden Sie die Schablone aus und übertragen sie den Umriss auf grünes Tonpapier. Dann wird der Schildkrötenkörper ausgeschnitten und mit den Stiften und Wackelaugen ein fröhliches Gesicht gestaltet.

Für den Schildkrötenkörper werden die Gefäße für die Eier aus der Schachtel herausgeschnitten und mit grüner Wasserfarbe bemalt. Anschließend wird mit blauer Wasserfarbe ein Panzermuster darauf gezeichnet. Abschließend können die Kinder den Panzer noch mit Glitzersteinern verzieren und so einen richtigen Hingucker schaffen. Die Erzieherinnen kleben dann mit einer Heißklebepistole den Panzer auf den Körper. Fertig ist die kleine Schildkröte für zu Hause!

Übrigens: In der Buchreihe von Schildi Schildkröte – passend zu diesem Kartenset – gibt es neben vielen Mitmachgeschichten, weiteren Übungen und Traumreisen auch eine Nähanleitung für eine Stoff-Schildi!

Kopiervorlage

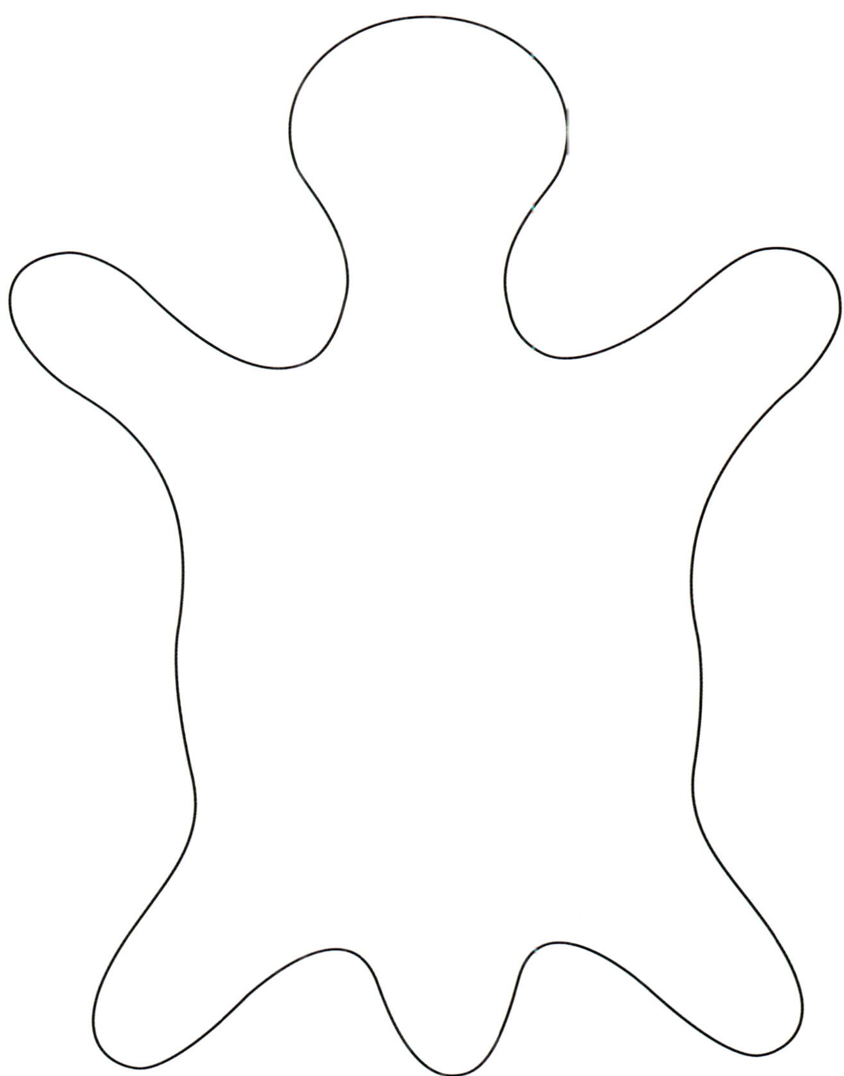

Über die Autorin

Claudia Hohloch, geboren 1981 in Schwäbisch Hall, ist verheiratet und lebt mit ihrem Mann und ihren beiden Töchtern in Gaildorf in Baden-Württemberg. Seit 2013 ist sie als Entspannungstrainerin, Aerial Yoga Trainerin und integrative Lerntherapeutin tätig und bietet Kurse für Kinder, Jugendliche und Erwachsene in allen Lebenslagen an. Sie arbeitet in ihren eigenen Räumlichkeiten, aber auch in Volkshochschulen, Kindergärten und Grundschulen sowie in verschiedenen Vereinen. Ihr Ziel ist es, ihre großen und kleinen TeilnehmerInnen mit Elementen aus Yoga, Kinesiologie und Qigong für ihre innere Stärken zu sensibilisieren und durch kleine Entspannungsinseln im Alltag für mehr Ausgeglichenheit zu sorgen.

Mit besonderem Dank an:

Lana & Zoé und
das ganze Team von Schildi Schildkröte!